AF451875

LES MITRAILLEUSES

Conférence faite le 3 Mars 1907

Par M. le Chef d'escadron GAUTREAU

du Groupe territorial du 12ᵉ Régiment d'Artillerie

ET RÉDIGÉE PAR LE CONFÉRENCIER

PARIS

IMPRIMERIE ET LIBRAIRIE CENTRALES DES CHEMINS DE FER

IMPRIMERIE CHAIX

SOCIÉTÉ ANONYME AU CAPITAL DE TROIS MILLIONS

Rue Bergère, 20

1907

École d'Instruction de la 19e Brigade d'Artillerie

DIRECTEUR :

M. le Lieutenant-Colonel BON, du 12e Rég^t d'Artillerie.

Les Mitrailleuses.

CONFÉRENCE

Faite le 3 mars 1907

Par M. le Chef d'Escadron GAUTREAU,

du Groupe territorial du 12e Régiment d'Artillerie,

ET RÉDIGÉE PAR LE CONFÉRENCIER

MES CHERS CAMARADES,

Le sujet qui va être traité comporte l'étude des mitrailleuses et de leur emploi dans le passé et dans l'avenir.

La durée normale d'une heure qui peut être consacrée à cette étude, ne permet pas d'exposer et de décrire en détail tous les mécanismes des divers modèles de mitrailleuses qui ont existé ou existent dans les différentes armées.

La tâche à accomplir devra être plus restreinte. Elle se bornera à vous donner une vue d'ensemble susceptible de vous permettre de vous former une idée des principes sur lesquels reposent la plupart des systèmes mécaniques actionnant les mitrailleuses, en vous indiquant en outre l'utilité tactique de ces engins de la guerre moderne.

La partie la plus importante de cette conférence concernera les *mitrailleuses* dites *automatiques*. C'est en effet sur le principe du *fonctionnement automatique*, que reposent ou reposeront les nouveaux modèles de fusil dont sera certainement armée notre infanterie dans un délai plus ou moins rapproché. Ce seront en définitive des mitrailleuses portatives individuelles.

Cette étude sur les mitrailleuses comprendra deux parties :

Dans la première partie, un court historique permettra de vous signaler l'apparition en Europe des *mitrailleuses de la féodalité*. Puis suivra une énumération des divers perfectionnements successifs survenus dans la construction de ces engins jusqu'à l'apparition du modèle actuellement en service en France. Ensuite viendra une description sommaire de la *mitrailleuse automatique Hotchkiss (modèle 1902)*, laquelle constitue en ce moment le meilleur type connu, employé dans diverses armées étrangères et dans l'armée française. A la fin de cette première partie, quelques indications seront fournies sur le *canon automatique Hotchkiss de 37 millimètres (modèle 1901)*.

La seconde partie sera consacrée à *l'utilisation des mitrailleuses dans la guerre moderne*. Cette seconde partie comportera une rapide étude de l'emploi tactique de ces engins. Quelques enseignements tirés de la guerre russo-japonaise vous seront exposés pour vous permettre d'apprécier l'utilité des mitrailleuses en campagne. Puis l'organisation adoptée chez les nations voisines pour leur utilisation vous sera sommairement décrite, afin d'en tirer la conclusion qui s'impose de faire figurer les mitrailleuses dans notre matériel de guerre.

I. — LES MITRAILLEUSES
DE LA FÉODALITÉ

Les historiens mentionnent qu'en 1346 (xive siècle), à la bataille de Crécy (1), eut lieu la première apparition de l'artillerie, dans les luttes de notre patrie contre l'Angleterre.

Dans cette bataille, les Anglais utilisèrent les premières bombardes. Elles leur permirent d'avoir raison de la fougue et de l'impétuosité des chevaliers de la féodalité française.

Cette date de 1346 est utile à rappeler et à retenir. Il convient en effet de remarquer que, dès le xive siècle, au moment même où le premier emploi des canons ou bombardes est signalé, diverses tentatives ont également lieu pour organiser et utiliser des machines de guerre à canons multiples.

Ces machines étaient toutes basées sur des principes ayant plus tard donné naissance à l'idée d'une construction plus perfectionnée d'engins désignés sous le nom de *mitrailleuses*.

Les machines de guerre à canons multiples du xive siècle peuvent donc à juste titre être dénommés les *mitrailleuses de la féodalité*.

Diverses estampes anciennes retrouvées dans des bibliothèques allemandes viennent confirmer qu'à l'époque contemporaine de l'emploi des bombardes, c'est-à-dire au xive siècle, il fut construit des engins comportant plusieurs tubes ou canons, placés parallèlement ou superposés et destinés à lancer des projectiles.

Ces dispositions permettaient de tirer un certain nombre de coups, soit simultanément par salves ou par

---

(1) Crécy est une localité près d'Abbeville, sur la Somme.

gerbes, soit successivement par coups envoyés à de très courts intervalles.

Des figures représentant trois modèles de ces machines de guerre, méritent d'être examinés avec intérêt au point de vue historique.

A. — La figure 1 donne le dessin d'un engin composé de *ribaudequins*.

Six canons, dits *ribaudequins*, sont placés parallèle-

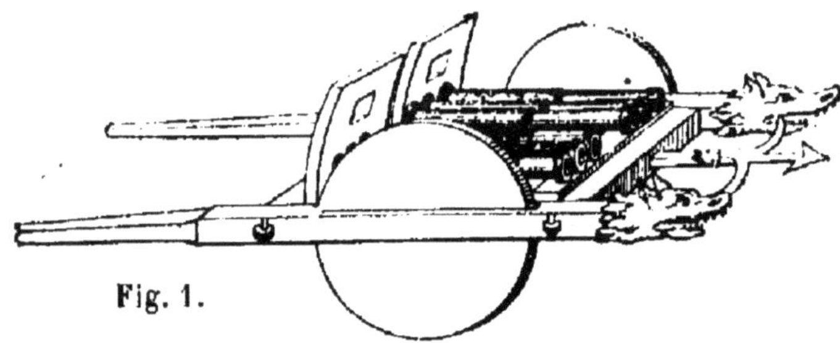

Fig. 1.

ment dans un même plan horizontal. Ils sont encastrés dans une plaque formant bouclier. Le tout est supporté par une espèce de voiture à deux roues constituant un affût grossier en bois.

B. — La figure 2 est la copie d'une estampe provenant

Fig. 2.

de la Bibliothèque de l'Université de Gœttingue (Hanovre).

C'est le type d'une machine de guerre remontant à 1405 (xvᵉ siècle).

Dans cet engin, on voit les six canons disposés symétriquement autour d'un axe et formant un faisceau de six tubes destinés au tir en gerbe des projectiles.

C. — La figure 3 est la reproduction d'une estampe de la Bibliothèque Royale de Munich. Elle représente le modèle adopté pour l'artillerie de Maximilien (1500 à 1510 — xvᵉ siècle).

Ce dessin fait voir les curieuses combinaisons d'un

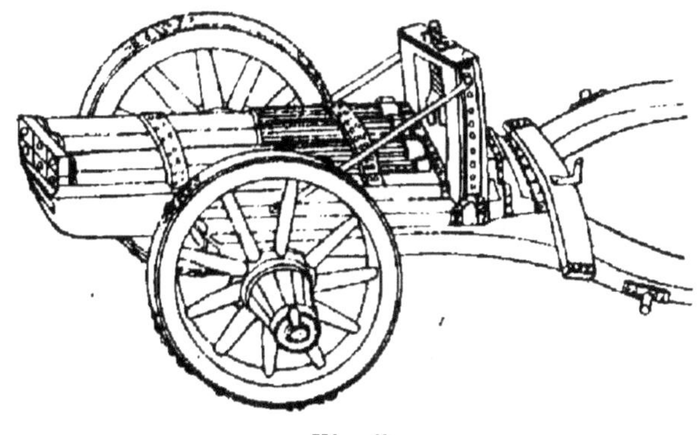

Fig. 3.

engin primitif, composé de six tubes ou canons. Ceux-ci sont superposés par trois et forment ainsi deux rangées de tubes.

A l'arrière de la voiture-affût, montée sur deux roues et supportant les six canons, se trouve une platine permettant de mettre le feu à une traînée de poudre disposée derrière chaque rang de tubes.

Tous ces essais ne furent d'ailleurs pas couronnés de beaucoup de succès et pendant plusieurs siècles, on n'entendit plus parler de nouvelles tentatives de ce genre.

Les types dont les figures sont parvenues jusqu'à nous n'en conservent pas moins un caractère de curiosité et ils devaient être mentionnés au début d'une étude sur les mitrailleuses.

II. — PERFECTIONNEMENTS SUCCESSIFS DES MITRAILLEUSES

L'apparition des mitrailleuses modernes a eu lieu trois siècles après les dernières tentatives faites au moyen âge.

C'est vers 1860 (XIXe siècle) que l'étude·de la question de ces engins entra dans une phase véritablement sérieuse et pratique.

Cette étude coïncide avec le début de la fabrication en grand des cartouches métalliques. Leur utilisation devait faciliter singulièrement le chargement et l'approvisionnement des futures mitrailleuses.

La construction de la première mitrailleuse pratique ayant pu être employée avec succès pour le service de guerre, est due à l'invention d'un citoyen américain, Gattling.

Le gouvernement des États-Unis se décida le premier à adopter le système Gattling et utilisa ses mitrailleuses lors de la guerre de Sécession (de 1861 à 1865).

Dès son apparition, l'invention de l'américain Gattling fut proposée aux diverses puissances d'Europe qui procédèrent à des essais. Son adoption en Europe eut lieu notamment en Angleterre et en Russie. Quelques mitrailleuses Gattling furent également achetées par la France mais longtemps après que d'autres puissances en étaient munies.

Bien que la mitrailleuse Gattling soit la première en date, elle se rattache à un principe utilisé plus tard par d'autres inventeurs.

Il convient donc de faire une classification des différents systèmes de ces engins, ce qui permettra ensuite de mieux saisir la description très sommaire de leur fonctionnement.

CLASSIFICATION GÉNÉRALE DES MITRAILLEUSES

Le classement des mitrailleuses peut avoir lieu tout d'abord en deux grandes catégories :

A. — Les mitrailleuses actionnées à la main.

B. — Les mitrailleuses automatiques.

A. — La catégorie des mitrailleuses actionnées à la main se subdivise :

1º en mitrailleuses à rotation de leurs canons ;
2º en mitrailleuses à canons fixes.

Dans cette catégorie de mitrailleuses actionnées à la main, on peut faire aussi une distinction entre celles lançant des projectiles pleins en plomb ou en fer par exemple, et celles lançant de petits projectiles creux s'ouvrant à la suite d'un éclatement provoqué par la percussion d'une amorce ou par une fusée.

B. — Les mitrailleuses automatiques effectuant leur chargement et leur déchargement continu peuvent également se subdiviser de la manière suivante :

1º Les mitrailleuses automatiques utilisant l'effet du recul de l'arme ;

2º Les mitrailleuses automatiques utilisant l'action d'une partie des gaz de la charge.

Cette grande classification établie, l'énumération des mitrailleuses ayant fixé l'attention générale se trouvera très simplifiée.

A. — Mitrailleuses actionnées à la main.

Depuis 1860 jusqu'en 1882, soit pendant plus de vingt ans, les mitrailleuses ont toutes été actionnées à la main.

1° Mitrailleuses à rotation de leurs canons.

Parmi celles-ci on distingue :

La mitrailleuse américaine Gattling ; .
Le canon-revolver Hotchkiss.

Mitrailleuse américaine Gattling. — Au premier rang comme ancienneté d'invention se place la mitrailleuse américaine Gattling expérimentée en 1860.

Elle est actionnée à la main et la rotation des canons qui la composent se fait autour d'un axe.

Elle tire seulement des cartouches avec balles pleines en plomb ou en fer variant suivant les calibres de cet engin, de 30 à 256 grammes.

La rapidité du tir atteint *300 coups par minute*.

Le mécanisme se compose d'un faisceau de 6, 8 ou 10 canons tournant autour d'un axe central et permettant de combiner le chargement des tubes avec leur déchargement pendant le tir.

La dispersion des balles dans les canons se fait pendant la rotation du faisceau.

Le départ des coups a lieu successivement au moment où chacun des canons vient se présenter devant un percuteur.

L'alimentation en cartouches se produit par l'action de la même manivelle assurant le fonctionnement du percuteur.

Trois calibres de ces mitrailleuses ont été construits.

Leur portée et leurs éléments caractéristiques sont donnés par le tableau ci-dessous :

	INDICATION DES CALIBRES		
	25^{mm},5	14^{mm},5	12^{mm},5
Portée maxima.	3.000^m	1.800^m	2.000^m
Poids des balles	256^{gr}	36^{gr}	30^{gr}
Charges de poudre	31^{gr}	5^{gr},44	5^{gr}
Poids total comprenant le poids de la pièce, de l'affût et de l'avant-train.	1.600^{kg}	600^{kg}	550^{kg}
Longueur des canons	1^m,75	1^m,44	1^m,44

Un certain nombre de mitrailleuses Gattling ont été achetées par la France en Amérique et en Angleterre, au cours de la guerre de 1870-1871. Elles ont fait partie de notre armement pendant la dernière période de la guerre contre l'Allemagne.

Depuis lors elles ont été déclassées.

Certaines ont été affectées au flanquement des fossés de nos forteresses, d'autres ont été placées dans des caponnières.

Canon-revolver Hotchkiss. — Dans la catégorie des mitrailleuses actionnées à la main et à rotation de leurs canons, il faut encore ranger le canon-revolver Hotchkiss, mis en service en France vers 1876.

Ce canon lance de véritables projectiles d'artillerie, petits obus creux à éclatement par percussion ou par fusée à temps.

Il s'en construit de trois calibres (37 millimètres, 47 millimètres et 53 millimètres).

L'organisation de son mécanisme et la rapidité de son

tir, environ *50 coups à la minute*, permettent de le classer dans la catégorie des mitrailleuses, bien que ce soit une mitrailleuse de gros calibre d'un genre spécial.

Cet engin lance des projectiles creux d'un poids variable, depuis 455 grammes et $1^{kg},075$ jusqu'à $1^{kg},630$.

Le canon-revolver Hotchkiss de 37 millimètres, comme d'ailleurs les deux autres calibres, est constitué par un faisceau de 5 tubes reliés entre eux par deux disques en bronze. Le faisceau tourne autour d'un arbre central, au moyen d'un mécanisme logé dans un manchon-enveloppe et actionné à la main.

Sous l'action de la rotation continue d'une manivelle de manœuvre, le faisceau des tubes prend un mouvement de révolution intermittente correspondant à un cinquième de circonférence par tour complet de manivelle.

Pendant la durée de chacune des cinq pauses régulières de ce mouvement intermittent se produisent les cinq opérations nécessaires au fonctionnement de cette mitrailleuse :

1° Introduction de la cartouche dans son logement;

2° Mise de feu par le percuteur;

3° Extraction de la cartouche de son logement;

4° Éjection de la cartouche à l'extérieur;

5° Présentation d'un logement vide devant l'auget de chargement.

La vitesse du tir correspond ainsi à un coup par tour de manivelle et à cinq coups par chaque révolution complète du faisceau des cinq tubes.

Le tir est donc successif et continu tant que la pièce est alimentée et que la manivelle de manœuvre est actionnée à la main sans interruption.

Les principaux renseignements sur les trois calibres

de ce canon-revolver sont donnés par le tableau suivant :

	INDICATION DES CALIBRES		
	37ᵐᵐ	47ᵐᵐ	53ᵐᵐ
Angles limites de tir	+ 18° — 5°	+ 20° — 20°	+ 15° — 10°
Poids des projectiles	0ᵏᵍ,455	1ᵏᵍ,075	1ᵏᵍ,630
Poids de la charge de poudre . .	90ᵍʳ	200ᵍʳ	410ᵍʳ
Poids total comprenant le poids de la pièce, de l'affût et de l'avant-train.	1.080ᵏᵍ	(affût seul) 857ᵏᵍ	1760ᵏᵍ
Longueur des canons	0ᵐ,84	1ᵐ,73	2ᵐ,14

Le canon-revolver Hotchkiss a été très employé et l'est encore dans notre marine de guerre. Nos grands bâtiments comme nos torpilleurs en sont largement pourvus.

Les canons-revolvers du calibre de 37 millimètres servent pour l'armement des ponts de torpilleurs et pour quelques petites embarcations.

Ceux-ci sont également utilisés en France par l'artillerie de terre.

Ils font partie de notre matériel de place. Ils sont spécialement affectés au flanquement des fossés des forteresses et à l'armement des caponnières.

Ainsi le fort de Vaujours possède dans son armement un canon-revolver Hotchkiss.

2° Mitrailleuses à canons fixes.

Celles-ci peuvent se subdiviser comme suit :

a) Mitrailleuses à canons disposés en faisceau dans un tube ;

b) Mitrailleuses à canons juxtaposés dans un même plan horizontal.

Au nombre des premières on peut citer deux modèles :
Le canon à balles français de Reffye;
La mitrailleuse belge Christophe Montigny.

Parmi les secondes se placent cinq autres types :
La mitrailleuse suédoise Palmcrantz et Winborg;
La mitrailleuse américaine Gardner;
La mitrailleuse de marine Nordenfelt;
La mitrailleuse Hamann;
La mitrailleuse autrichienne d'Albertini.

Canon à balles français. — Cet engin appelé aussi *mitrailleuse de Meudon* est de l'invention du général de Reffye, qui commença ses études sur la question vers 1865.

Les canons à balles ont été fabriqués à Meudon un peu avant la guerre de 1870, dans laquelle il a été fait usage de l'invention pour la première fois.

La mitrailleuse de Reffye est formée par la réunion dans une enveloppe de bronze, de 25 tubes en acier, présentant chacun à l'intérieur 8 ou 10 rayures et disposés jointivement sur 5 rangées superposées de 5 tubes chacune.

Le canon à balles est une bouche à feu se chargeant avec des balles analogues à celles des fusils, mais d'un poids supérieur et destiné à les lancer à des distances que le fusil français d'infanterie et les boîtes à mitraille de nos pièces de campagne ne pouvaient atteindre en 1870.

Sa porté extrême atteint 3.400 mètres. La portée réellement efficace varie entre 1.200 mètres et 2.400 mètres et la bonne portée moyenne est de 1.800 mètres, tandis qu'en 1870 le fusil de nos fantassins avait une portée efficace seulement à 1.000 mètres.

La vitesse de tir peut arriver à *150 coups par minute.*

L'alimentation se fait au moyen de boîtes en bronze contenant 25 cartouches d'un poids de 54^{gr},2 chacune et pouvant être renouvelée six fois en une minute.

Le tir est successif par salves de 25 coups partant au moyen d'une plaque de déclanchement en acier. Cette plaque de déclanchement constitue la partie principale du mécanisme de mise à feu. Par un coulissage dans des rainures, cette plaque percée de trous espacés, vient produire la détente successive de 25 ressorts devant pousser en avant 25 percuteurs et leur permettre de frapper l'amorce de la douille.

Le canon à balles monté sur un pivot central, est muni d'un appareil spécial pour le tir de fauchage.

	Kilogrammes
Le poids de l'affût est de	880
et celui de l'avant-train, de	600
soit un poids total de.	1.480

La mise en service de ce matériel en 1870 n'a pas donné les résultats que l'on devait en attendre. Cet insuccès est dû en grande partie à une insuffisance dans l'instruction du personnel chargé de l'utiliser. Celui-ci ne put connaître le mécanisme et le mode d'emploi de cet engin que peu de jours avant d'avoir à s'en servir sur le champ de bataille.

Le canon à balles de Reffye tombé en discrédit après 1870 est utilisé maintenant comme pièce de flanquement dans les fossés des forteresses françaises.

Mitrailleuse belge Christophe Montigny. — Cette mitrailleuse comprend un faisceau d'un nombre variable de canons encastrés dans un manchon en fer ayant à l'extérieur l'aspect d'un canon ordinaire.

Il en a été construit avec 19, 31 et 37 canons. Le mécanisme de l'engin se rapproche beaucoup de la mitrailleuse de Reffye (canon à balles français).

La vitesse de tir de ce modèle de mitrailleuse a été évaluée à 6 salves par minute, soit pour le modèle à 19 canons, un nombre de 114 coups à la minute.

Mitrailleuse suédoise Palmcrantz et Winborg. — Elle est formée d'une rangée de 10 canons placés dans un même plan horizontal.

La distribution des cartouches se fait par un magasin d'une contenance de 250 cartouches, lequel est muni d'un transporteur. La mise de feu s'obtient par un levier horizontal, un appareil spécial permet la dispersion des coups.

La vitesse du tir par salves atteint 500 coups par minute.

Mitrailleuse américaine Gardner. — Cette mitrailleuse comporte un assemblage de deux canons dans un même plan horizontal. Un guide vertical reçoit les cartouches qui sont mises en place par un distributeur. Une manivelle actionne le mécanisme de mise de feu.

Le calibre est celui d'un fusil de guerre.

La vitesse de tir est évaluée à 400 coups environ par minute.

Mitrailleuse de marine Nordenfelt. — 4 canons de 25 millimètres juxtaposés viennent constituer cet engin. Le chargement est obtenu au moyen d'une trémie recouvrant les culasses, et par un distributeur destiné à l'introduction des cartouches dans leur logement.

La rapidité de tir est en moyenne de 400 à 600 coups par minute.

Mitrailleuse allemande Hamann. — Cet engin est une copie de la mitrailleuse Palmcrantz et Winborg.

Comme celle-ci elle comporte une rangée de 10 canons destinés à tirer la cartouche d'infanterie employée en Suisse.

La vitesse de tir est de 600 coups par minute.

Mitrailleuse autrichienne d'Albertini. — Cette mitrailleuse est constituée par 10 canons fixes placés dans un plan horizontal et permettant le tir de la cartouche d'infanterie autrichienne.

B. — Mitrailleuses automatiques.

Le mouvement à la main manquant de régularité et l'emploi de plusieurs canons compliquant l'alimentation en augmentant le poids des mitrailleuses, on a cherché à remédier à cet inconvénient en obtenant le mouvement automatique assurant le chargement et le tir avec un seul canon.

1° Mitrailleuses utilisant l'effet du recul de l'arme.

Au nombre de celles-ci on peut citer :

La mitrailleuse Maxim ;

La mitrailleuse autrichienne Archiduc Charles Salvator et major Dormus ;

La mitrailleuse Nordenfelt (modèle 1897) ;

La mitrailleuse badoise Bergmann.

Mitrailleuse Maxim. — La mitrailleuse Maxim est la première en date (1882) parmi celles utilisant l'effet du recul de l'arme.

Son fonctionnement est le suivant :

Au départ du coup, le canon et la culasse reculent simultanément. Après un faible parcours, la culasse, se séparant du canon qui s'arrête, continue son mouvement de recul et actionne tout le **mécanisme.** Un ressort récupérateur assure le mouvement en avant et produit la mise de feu.

L'alimentation en cartouches se fait au moyen d'une bande flexible sur laquelle elles sont posées et d'où elles sont enlevées une à une automatiquement et conduites en face de leur logement dans le canon. La rapidité du tir est d'environ 500 coups par minute. Le refroidisse-ment du canon est recherché au moyen d'un manchon réfrigérant à eau qui enveloppe le tube.

Mitrailleuse autrichienne Archiduc Charles Salvator et major chevalier Dormus. — Ce modèle adopté en 1893 en Autriche-Hongrie fonctionne d'une façon analogue à la mitrailleuse Maxim.

La vitesse du tir est d'environ 300 coups par minute.

Le canon est enveloppé d'un manchon réfrigérant à eau.

Mitrailleuse Nordenfelt (modèle 1897). — Elle est con-çue d'après les données suivantes :

1° Le recul simultané du canon et de la culasse actionne une came-guide, laquelle agit sur tout le méca-nisme.

Un ressort récupérateur ramène ensuite tout le méca-nisme à la position de l'armé et détermine le départ du coup.

2° La rapidité du tir varie entre 500 et 600 coups par minute.

3° Le canon est enveloppé d'un manchon réfrigérant à eau.

Mitrailleuse badoise Bergmann (modèle 1903). — Le principe du fonctionnement de cet engin est analogue à celui des précédents modèles.

1° Au moment du départ du coup, le canon et la

culasse reculent en même temps. Le recul est limité pour le canon et plus étendu pour la culasse.

2° La vitesse du tir est d'environ 500 coups à la minute.

3° Cette mitrailleuse est munie d'un manchon réfrigérant à eau pouvant contenir environ 6 litres d'eau.

4° Elle est disposée pour le tir coup par coup et pour le tir continu.

Le poids de la mitrailleuse seule est de 40 kilogrammes, son calibre est de 8 millimètres, sa longueur totale est de 1ᵐ,08. L'affût-trépied pèse 22 kilogrammes.

Il y a lieu de remarquer que dans ces quatre modèles de mitrailleuses utilisant le recul de l'arme, l'échauffement du canon a lieu très rapidement et nécessite l'emploi d'un manchon réfrigérant à eau. Cette eau atteint bientôt elle-même la température de l'ébullition. Ce système de mitrailleuse est donc assez imparfait.

2° Mitrailleuses utilisant l'action d'une partie des gaz de la charge.

Les principaux modèles qui sont basés sur ce principe sont les suivants :

La mitrailleuse automatique Colt;
La mitrailleuse Hotchkiss (modèle 1902);
Le canon automatique Hotchkiss de 37 millimètres (modèle 1901).

Mitrailleuse automatique Colt. — Son fonctionnement repose sur les données suivantes :

1° Une ouverture ou évent est placé à une certaine distance de la bouche du canon. Une fois dépassé par la balle, les gaz frappent sur une palette terminant un bras de levier articulé sous le canon. Ce bras commande tout le mécanisme. Rejeté en arrière, il comprime ainsi un ressort destiné à le ramener ensuite vers l'avant.

2° Les cartouches maintenues sur une bande flexible, sont amenées mécaniquement à hauteur de la chambre et poussées dans leur logement.

3° Il n'y a ni manchon réfrigérant à eau, ni refroidisseur particulier. La très grande épaisseur du canon doit restreindre son trop grand échauffement et un jet d'air froid projeté par un dispositif spécial dans la chambre du canon doit assurer un refroidissement suffisant de ce dernier.

4° La rapidité du tir est de 500 à 600 coups par minute pour le tir continu.

5° Le tir coup par coup a lieu à raison de 100 à 130 coups par minute.

La *mitrailleuse automatique Hotchkiss (modèle 1902)* et le *canon automatique Hotchkiss (modèle 1901)* sont basés sur un principe analogue à celui de la mitrailleuse Colt. Tous deux ils empruntent, comme le modèle Colt, une partie des gaz de la charge pour effectuer automatiquement les différentes opérations de chargement et de mise de feu.

En raison du perfectionnement du système adopté pour ces deux engins, une description un peu plus détaillée s'impose. Elle fera l'objet du troisième chapitre de cette étude.

III. — LA MITRAILLEUSE AUTOMATIQUE HOTCHKISS (MODÈLE 1902) ET LE CANON AUTOMATIQUE HOTCHKISS (MODÈLE 1901)

A. — Mitrailleuse automatique Hotchkiss (modèle 1902).

Le principe général de son fonctionnement est le suivant :

Un orifice de prise de gaz est pratiqué dans le canon à

une certaine distance de la bouche et fait communiquer le tube avec un cylindre placé au-dessous.

Ce cylindre renferme un piston d'une certaine longueur.

Après le départ du coup, aussitôt que la balle a dépassé l'orifice pratiqué dans le canon, les gaz pénètrent dans le cylindre et lancent le piston en arrière.

Dans ce mouvement en arrière, le piston comprime un ressort de rappel (ou ressort récupérateur).

Ce ressort de rappel, en se détendant, repousse le piston en avant, ce qui provoque le départ d'un nouveau coup.

Fig. 4. — MITRAILLEUSE HOTCHKISS.
Cliché communiqué par le journal *Patria*.

Ce mouvement de va-et-vient du piston se reproduit d'une façon normale après chaque coup tiré, et c'est lui qui permet d'effectuer toutes les opérations de la charge :

1° Ouverture et fermeture de la culasse ;

2° Extraction et éjection de l'étui vide ;

3° Transport de la cartouche devant la chambre ;

4° Chargement et mise de feu.

La mise en train pour le premier coup est obtenue au moyen d'une traction opérée sur une poignée placée à gauche de l'arme, et dénommée *levier d'armement*.

Le tir peut avoir lieu coup par coup ou être ininterrompu.

Tir coup par coup. — Lorsque les gaz de la poudre lancent le piston en arrière, la culasse s'ouvre, l'extracteur enlève l'étui vide qui est rejeté hors de l'arme par l'éjecteur. A ce moment, si la détente actionnant la gâchette est libre, c'est-à-dire si l'on n'appuie pas fortement le doigt dessus, le piston vient s'accrocher à cette gâchette.

Le ressort de rappel reste comprimé et l'arme est prête pour le tir d'une nouvelle cartouche. Il suffit alors d'appuyer sur la détente pour effectuer le tir.

Tir ininterrompu. — Si l'on appuie constamment le doigt sur la détente, la gâchette ne pourra s'y accrocher, le piston ne sera pas maintenu en arrière et il prendra un mouvement ininterrompu de va et-vient.

Le tir sera donc continu et automatique jusqu'à ce que toutes les cartouches du chargeur ou de la bande soient consommées.

Cartouches. — Elles sont en chargeurs rigides en cuivre contenant de 25 à 30 cartouches ou en bandes métalliques flexibles de 250 cartouches.

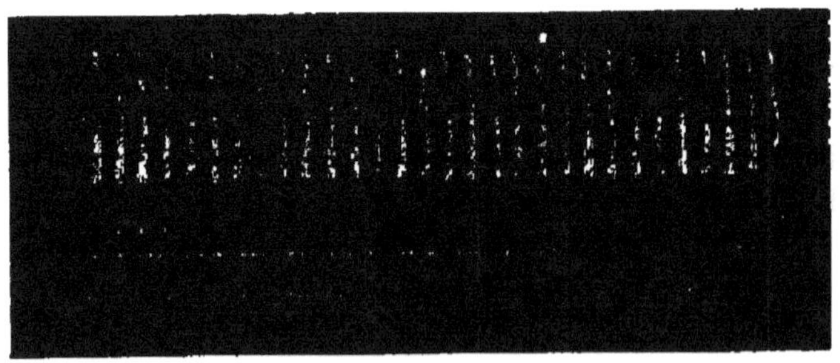

Fig. 5. — CHARGEURS DE LA MITRAILLEUSE HOTCHKISS.
Cliché communiqué par le journal *Patria*.

Radiateur. — Le refroidissement du canon est assuré d'une façon suffisante par le radiateur à ailettes, fretté sur le canon au-dessus et en avant de la chambre et qui agit par sa masse et sa surface de radiation pour absorber et dégager une grande partie de la chaleur développée pendant le tir. Ce dispositif dispense de l'emploi d'un manchon réfrigérant à eau et de tout autre moyen artificiel de refroidissement.

Rapidité du tir. — L'engin peut tirer de 500 à 600 coups par minute.

Fig. 6. — MITRAILLEUSE HOTCHKISS AVEC SON TRÉPIED.
Cliché communiqué par le journal *Patria*.

Poids. — Le poids de la mitrailleuse seule est de 24 kilogrammes.

Le poids du trépied de 18 kilogrammes.

L'ensemble pèse donc 42 kilogrammes (*voir fig. 6*).

Le poids de la voiture-pièce comprenant l'affût sur roues et l'avant-train chargé de 3.900 cartouches en chargeurs, s'élève à 566 kilogrammes.

Dans cet aménagement, la mitrailleuse, sur son affût en batterie pèse 174 kilogrammes, mais la mitrailleuse elle-même et son trépied peuvent être séparés de l'affût, si on le juge préférable.

L'avant-train chargé pèse 395 kilogrammes.

B. — Canon automatique Hotchtkiss (modèle 1901).

Les principales pièces du mécanisme du canon automatique Hotchkiss, ont une grande analogie avec celles de la mitrailleuse fabriquée par la même maison de construction.

Le calibre du canon est de 37 millimètres. C'est un engin de petit calibre rentrant dans la catégorie de ceux appelés *Pom-Pom* par les Anglais.

Le fonctionnement général du mécanisme est sommairement le suivant :

A une distance de 40 centimètres environ de la chambre, il existe dans l'âme du canon, d'une longueur de 1^m,30, un orifice ou évent communiquant avec un cylindre destiné à recueillir une partie des gaz provenant du canon et maintenu sous ce dernier à l'aide d'une frette-support. Dans ce cylindre est appelé à se mouvoir un piston servant à actionner tout le mécanisme au moyen d'un mouvement en arrière, puis d'un mouvement en avant.

Supposant la culasse fermée et le coup parti, lorsque le projectile a dépassé l'orifice ouvert dans le canon, une partie des gaz est passée dans la chambre du cylindre à gaz et, agissant sur le bout du piston, lance celui-ci en arrière.

Mouvement arrière du piston. — Dans ce mouvement, la tête du piston vient en arrière. Elle entraîne avec elle d'abord le percuteur, puis la culasse mobile, agissant alors sur l'extracteur et sur l'éjecteur pour lancer la douille vide dans le déflecteur qui la laisse tomber sur le sol.

Le piston, en reculant, comprime le ressort de rappel en avant et fait avancer un tenon du chargeur dans le couloir des douilles.

Enfin quand le piston est à bout de course en arrière, la détente vient embrayer la gâchette.

Mouvement en avant du piston. — En libérant la détente le piston est lancé en avant sous l'impulsion du ressort de rappel. Dans la première partie de sa course, il produit la mise en place d'une cartouche et la conduit jusqu'à sa position de chargement. Puis dans la seconde période de son mouvement en avant, le piston oblige le percuteur à venir frapper l'amorce.

Tir du premier coup. — Le tir du premier coup nécessite un armement à la main à l'aide d'un levier d'armement, mais ensuite le tir s'effectue automatiquement ou coup par coup, suivant que le levier de réglage a été placé en face des mots : *automatique* ou *coup par coup* marqués sur le côté droit du canon.

Dans le tir coup par coup, le départ de chaque coup a lieu au moyen d'une poignée de mise de feu placée sur le côté gauche de la boîte de culasse.

Dispersion. — Sur affût de campagne, le déplacement latéral du canon s'effectue au moyen de la rotation d'un volant placé à droite de la flèche et permet de modifier la direction sous un angle limite de 10 degrés.

Alimentation de l'arme. — Elle se fait à l'aide de chargeurs rigides de 8 à 10 coups ou à l'aide de bandes flexibles de 25 coups.

Refroidissement du canon. — Ce refroidissement est assuré par la virole-radiateur.

Rapidité de tir. — Le tir peut avoir lieu à raison de 200 coups environ par minute.

Poids. — Le poids du canon seul est de 170 kilogrammes. Le poids du canon sur affût de campagne en batterie atteint 435 kilogrammes. Le poids de l'avant-train chargé à 288 coups, s'élève à 575 kilogrammes.

Observation des coups. — Le canon automatique ou *Pom-Pom* qui vient d'être décrit est bien plus lourd que la mitrailleuse (modèle 1902), mais le canon automatique présente par contre sur cette dernière, un précieux avantage.

La mitrailleuse ne tire que des balles pleines, peu observables en temps de pluie et en terrain détrempé, tandis que le canon automatique lance un projectile du poids de 450 grammes contenant une petite charge d'éclatement de 22 grammes de poudre. Celle-ci produit ainsi au point de chute un petit nuage de fumée pouvant faciliter le réglage du tir du canon.

IV. — EMPLOI TACTIQUE DES MITRAILLEUSES

Depuis l'apparition des mitrailleuses actionnées à la main (1860), l'utilité de leur emploi tactique a été longtemps contesté.

Cependant, si elles n'ont pas donné tous les résultats qu'on aurait dû en attendre, cela provient plutôt de ce que l'on n'a pas su s'en servir pour l'usage auquel elles étaient en réalité destinées. Inventées pour centupler le tir de l'infanterie, on a voulu leur faire remplir le rôle de canons dont elles ne pouvaient avoir ni la puissance ni la portée.

Elles jouissaient cependant de grands avantages sur le canon. Elles étaient plus mobiles et ne nécessitaient pas un repointage après chaque coup. Sans avoir la mobilité du fusil, les anciennes mitrailleuses avaient un tir plus juste, une facilité de changer d'objectif presque instantanément et sans interrompre le feu, ce qui était précieux.

Les mitrailleuses ont été surtout très décriées parce qu'elles ont été souvent mises dans des mains par trop inexpérimentées.

Lorsqu'on a su les employer, elles ont, au contraire, produit des résultats très sérieux.

Aux États-Unis, dans la guerre de Sécession de 1861 à 1865, l'armée fédérale utilisa des mitrailleuses Gattling pour la défense des lignes fortifiées de James River. Les Américains en munirent aussi leurs bateaux à vapeur de rivière qui prirent part aux actions de guerre de cette époque.

Les Américains n'eurent qu'à se louer des services rendus dès le début par les mitrailleuses Gattling. Aussi ont-ils eu soin d'en rester pourvus.

En 1878, le 1er régiment de cavalerie des États-Unis accompagné de trois mitrailleuses Gattling fut engagé contre les Indiens. Les escadrons allaient être exposés à un feu meurtrier de la part de leurs adversaires, occupant un escarpement inaccessible à la cavalerie. La mise en batterie des trois mitrailleuses Gattling sur une hauteur commandant à droite la position des révoltés permit par un feu très vif et ayant duré très peu de temps, de déloger les Indiens qui se retirèrent dans le plus grand désordre.

En 1898, pendant la campagne contre les Espagnols à Cuba, le lieutenant américain Parker eut le commandement d'un détachement de quatre mitrailleuses Gattling. Ce groupe avait été placé sous les ordres directs du général en chef américain. A la bataille de San-Juan, le feu de ces mitrailleuses, tirant sans interruption, désorganisa la défense préparée par les Espagnols d'une position considérée comme imprenable. En huit minutes elle put être occupée par les Américains. Après avoir couronné cette position, ces mêmes engins furent utilisés avec succès pour repousser deux contre-attaques des Espagnols. Pendant le siège de Santiago, les mitrailleuses Gattling. placées dans les tranchées, permirent de repousser avec succès, les sorties de jour et de nuit tentées par les assiégés.

En 1870. la mitrailleuse de Reffye tant décriée depuis, a également prouvé, en diverses circonstances, que, placée dans des mains expérimentées, elle pouvait rendre des services très précieux et produire un effet considérable.

Ainsi, on lit dans un rapport officiel allemand, sur le rôle de la 38e brigade d'infanterie prussienne, au combat de Mars-la-Tour, dans son attaque contre la division française Grenier, que la cause de l'échec des bataillons allemands est due à l'entrée en action des mitrailleuses de Reffye. Les Prussiens forcés de se retirer dans le fond de la vallée. furent presque anéantis par le feu des mitrailleuses françaises placées en batterie sur la crête. Le feu violent de celles-ci arrêta également l'attaque de la cavalerie prussienne envoyée au secours des bataillons allemands battant en retraite.

Dans cet épisode du combat, les Allemands accusent avoir mis en ligne 95 officiers et 4.546 hommes. En quelques minutes. 72 officiers et 2.542 hommes furent mis hors de combat. La proportion du nombre des tués à celui des blessés était de 3 contre 4.

Or les mitrailleuses françaises de Reffye ne pouvaient tirer au maximum que 150 coups par minute. et au moyen de feux de salves. On peut, par suite, se rendre compte du résultat que pourrait produire un engin ayant une vitesse de tir plus considérable, alliée à une plus grande légèreté dans le poids.

En 1870 également, pendant la seconde partie de la campagne, il y eut également quelques exemples d'un judicieux emploi, du côté français, d'un certain nombre de mitrailleuses Gattling achetées en Amérique par le gouvernement de la Défense nationale.

A la bataille du Mans (9, 10, 11 et 12 janvier 1871), la division Gougeard du 21e corps, fit placer des mitrailleuses Gattling en les abritant derrière le mur crénelé de l'ancien parc d'Yvré et quelques batteries de canons en arrière sur le côteau du Luart.

L'action combinée des mitrailleuses et des canons empêchèrent pendant toute la journée du 11, les 11e et 12e brigades prussiennes de déboucher des bois et l'artillerie allemande ne put avoir raison des mitrailleuses françaises abritées et tirant à des portées variant entre 1.000 et 1.500 mètres.

Au combat de Droué, — surprise au petit jour, — l'attaque allemande fut repoussée par une mitrailleuse Gattling mise vivement en batterie dans le village et, grâce à son action efficace, les troupes françaises purent prendre leurs formations et réparer le désordre causé par cette brusque apparition de l'ennemi.

Dans le passé, il est facile de se convaincre par ce qui précède, que les mitrailleuses actionnées à la main avaient leur utilité et, bien employées, étaient susceptibles déjà d'effets considérables au point de vue tactique.

Mais si nous nous reportons à une époque plus rapprochée de nous, l'entrée en ligne des mitrailleuses automatiques vient marquer un progrès considérable et leur efficacité tend à s'affirmer de jour en jour par une série d'exemples dont nous nous bornerons seulement à citer quelques-uns.

Ainsi le premier emploi des mitrailleuses automatiques Maxim, remonte aux nombreux combats coloniaux de l'armée anglaise.

En 1882, dans la campagne d'Égypte, près de Tell-el-Kébir, au canal d'eau douce, au delà du Nil, une batterie anglaise de mitrailleuses éteignit en quelques minutes le feu des retranchements occupés par les Égyptiens et ces derniers s'enfuirent en désordre abandonnant de nombreux morts.

En 1898, au Soudan, le général Kitchener dut ses succès à la bonne utilisation des mitrailleuses Maxim dont ses troupes disposaient et notamment dans les combats d'Atbara et d'Omdurman. Au début de la campagne, les mitrailleuses avaient été attribuées à chaque régiment, ou mieux à chaque bataillon anglais, à raison de deux mitrailleuses par bataillon. Mais plus tard, on jugea plus utile de réunir les mitrailleuses en batteries de 6 unités afin de permettre leur action plus efficace par masse. Une batterie de 6 mitrailleuses commandée par le major Hunter, très familiarisé avec ces armes, opéra avec succès sur le flanc de l'armée au combat d'Atbara. Sans gêner l'action de l'infanterie anglaise, le major Hunter put prendre de flanc les Mahdistes sous le feu de ses mitrailleuses et par un tir à 1.800 mètres bien réglé, put briser l'élan de ces fanatiques en jonchant le sol de leurs cadavres.

Dans cette circonstance, le major Hunter rapporte avoir appliqué la méthode de réglage de la fourchette par l'observation de la poussière soulevée au point de chute par les balles. Puis il indique avoir tiré de courtes salves sur des hausses échelonnées.

Dans la guerre entre les Anglais et les Boërs, un très large emploi des mitrailleuses Maxim a eu lieu par les deux partis. Les Anglais les employèrent, il est vrai, moins heureusement que les Boërs, parce qu'ils ne prirent pas le soin de les faire agir en masse par batterie de 6 ou 8 mitrailleuses comme ils l'avaient fait au Soudan.

Au contraire, les Boërs surent les réunir sur leurs flancs en nombre convenable.

Dans cette guerre apparaissent aussi les canons automatiques Maxim de 37 millimètres, employés aussi bien par les Anglais que par les Boërs. Ces derniers les désignèrent sous le nom de *Pom-Pom* à raison du bruit continu produit par l'éclatement des petits projectiles de ces bouches à feu.

Pendant les troubles de Chine, les troupes russes et allemandes utilisèrent des mitrailleuses Maxim.

En 1904, les Allemands, dans leur colonie d'Afrique, eurent à soutenir une lutte contre les Herreros révoltés. Ils y firent avec succès un usage des mitrailleuses Maxim.

Si maintenant on voulait rechercher dans combien d'armées des grandes ou petites puissances du monde, les mitrailleuses Maxim, Hotchkiss, ou d'autres modèles font partie du matériel de guerre, on pourrait arriver à en indiquer plus de 30 parmi lesquelles on doit citer : l'Angleterre, l'Allemagne, l'Autriche, l'Italie, l'Espagne, la Suisse, la Russie et le Japon. La France, par contre, n'est encore entrée jusqu'ici, en ce qui concerne les mitrailleuses, que dans une période d'essai. Son étude de ces engins semble surtout provenir des résultats très décisifs obtenus avec les mitrailleuses dans la guerre russo-japonaise, ce qui doit amener à rechercher quels sont les enseignements tirés sous ce rapport de cette dernière guerre.

V. — ENSEIGNEMENTS TIRÉS
DE LA GUERRE RUSSO-JAPONAISE

Dans la guerre entre les Russes et les Japonais, qui vient d'avoir lieu en Mandchourie, les deux partis ont fait usage de mitrailleuses légères des modèles Maxim et Hotchkiss.

L'armement des Russes consistait uniquement en mitrailleuses Maxim. Les Japonais avaient, au contraire, des mitrailleuses des deux systèmes Hotchkiss et Maxim. Les quelques renseignements, fournis par divers écrivains permettent déjà de se rendre compte de l'influence considérable que ces engins ont pu avoir sur certains épisodes des combats de Mandchourie.

Aux combats du fleuve Yalou, entre une brigade du corps d'armée russe du général Sassulitch et la 1re armée japonaise du général Kuroki, les Russes résistaient avec 9 bataillons. Ils avaient 3 batteries de canons à mettre en ligne et ils disposaient de 8 mitrailleuses Maxim. Les Japonais avaient engagé 3 divisions contre la brigade russe. Les 8 mitrailleuses russes contribuèrent très efficacement à tenir tête aux Japonais pendant toute une journée.

La *Revue d'artillerie* a publié, en 1905, le récit fait par le capitaine Sourine, commandant d'une compagnie russe de 8 mitrailleuses, et concernant les opérations auxquelles il a pris part pendant la bataille de Liao-Yang. On peut en extraire utilement les citations suivantes :

Le 29 août 1904, un ordre du commandant de la division dont ma compagnie de mitrailleuses faisait partie, la désigna pour se rendre sur le flanc droit de la position où elle occupa la lisière sud du village Goutsiatsy, dans la nuit du 29 au 30 août.

Ma situation était la suivante : à gauche, à 300 mètres, le remblai de la ligne du chemin de fer ; derrière, la hauteur de la

position de Liao-Yang ; en avant, au sud du village de Goutsiatsy, le gaolian (1) avait été coupé jusqu'à une distance de
650 mètres.

. . . .

Le 30 août, vers 10 heures du matin, quelques cavaliers se
montrèrent auprès de la voie ferrée ; le feu ayant été ouvert sur
eux du haut des mamelons occupés par nos fantassins, ces
cavaliers se jetèrent dans le gaolian, à l'ouest du remblai de
la voie ferrée, mais on pouvait les suivre aux mouvements du
gaolian, et un peu plus loin, dans un endroit où le gaolian
était moins serré. A une distance des mitrailleuses d'environ
900 mètres, on distinguait parfaitement les cavaliers et derrière
eux les chevaux de bât et les servants. Il était clair qu'une batterie de montagne s'efforçait d'avancer sans être vue, pour prendre à revers par son feu les deux mamelons occupés par deux
bataillons russes.

La cible était excellente pour les mitrailleuses, il fallait abso
lument profiter de cet instant favorable pour anéantir la batterie japonaise.

On ne pouvait penser à exécuter un réglage. Le feu fut
ouvert immédiatement en échelonnant de 20 mètres, la première pièce à 875 mètres.

Dès l'ouverture du feu, la batterie japonaise obliqua à droite
vers une partie plus touffue du gaolian, mais il était trop tard.
Tout ce qui vivait et remuait tomba sous la pluie de balles.
Les mitrailleuses avaient tiré 6.000 cartouches, mais l'importance
de l'objectif justifiait cette dépense. J'avais fait cesser le feu
une minute et demie après son ouverture, parce qu'il n'y avait
plus d'objectif pour notre tir.

. . . .

Dans les environs de midi, on remarqua un mouvement et
le passage sur la voie ferrée, côté ouest, d'hommes isolés qui
se proposaient, après avoir occupé le remblai du chemin de
fer, de prendre les nôtres à dos. On ne pouvait le tolérer. *A
six reprises différentes*, on ouvrit le feu avec diverses hausses,
par rafales avec fauchage. Comme les Japonais passaient un
par un et à différentes distances, il fallait faire usage de hausses
échelonnées.

. . . .

A 3 heures de l'après-midi, quelques Japonais se grou-

---

(1) Le gaolian est du millet très élevé (3 ou 4 mètres) où il est
par suite très facile aux troupes de se dissimuler.

pèrent près d'un petit pont du chemin de fer, l'un d'eux faisant des signaux aux siens avec un fanion de couleur jaune. Cela dura une heure environ sans que les tirailleurs isolés pussent l'atteindre, en raison de la distance qui était de 1.050 mètres. J'ordonnai alors à la 4ᵉ section de le chasser du pont pour faire cesser les signaux. Le chef de section saisit fort heureusement le moment où deux Japonais sortaient de dessous le pont avec des fanions, fit tirer sa première pièce à 1.040 mètres, la deuxième à 20 mètres plus loin et le service des signaux cessa définitivement.

. . . .

La mission qu'avait reçue la compagnie de mitrailleuses. d'empêcher les Japonais de prendre à dos les troupes de la division russe dont elle faisait partie, avait done été complètement remplie.

De ce qui précède, il ressort que pour obtenir notamment l'effet produit par les 6.000 cartouches tirées par les 8 mitrailleuses russes en une minute et demie sur la batterie japonaise, il aurait fallu employer au moins 400 hommes d'infanterie. Chaque mitrailleuse a donc fait le service de 50 fantassins et avec une précision de tir beaucoup plus grande.

Le chef d'escadron d'artillerie Meunier dans son ouvrage sur la guerre russo-japonaise, écrit ce qui suit :

Dans l'offensive comme dans la défensive, en liaison avec l'infanterie ou la cavalerie, la mitrailleuse a joué, de l'avis unanime, un rôle considérable en Mandchourie, elle en jouera un beaucoup plus considérable dans l'avenir.

. . . .

À Moukden, on compte 88 mitrailleuses du côté russe et 200 du côté japonais.

La propriété caractéristique de la mitrailleuse est d'avoir un tir efficace aux distances où le fusil donne de médiocres résultats et où le canon ne trouve pas à s'utiliser dans de bonnes conditions, c'est-à-dire entre 800 et 1.600 mètres; elle a aussi été employée fréquemment à de plus courtes distances et là, son effet matériel a été foudroyant.

L'effet moral produit par le crépitement régulier de la mitrailleuse n'est pas moins considérable; il croît, comme l'effet matériel, à mesure que la distance diminue.

Par contre, la mitrailleuse doit éviter de s'exposer aux vues et aux coups de l'artillerie, aux distances où son propre tir cesse d'être efficace (aux distances supérieures à 1.600 mètres).

Puis, parmi quelques exemples cités d'utilisation des mitrailleuses pendant la campagne de Mandchourie, le commandant Meunier signale le suivant :

Le 7 mars 1905, les quatrièmes bataillons des 9ᵉ et 10ᵉ régiments russes exécutèrent une contre-attaque contre le village de Hantchenpou ; la formation se composait de 7 lignes de tirailleurs d'égale longueur marchant l'un derrière l'autre.

Le bataillon du 9ᵉ régiment perdit tous ses officiers et, des 800 hommes qui le composaient, 28 seulement reparurent. Ces pertes colossales furent dues moins au feu de l'infanterie japonaise, qu'à ce fait que le bataillon s'avançait entre les feux croisés de deux sections de mitrailleuses japonaises (4 mitrailleuses seulement) placées de manière à flanquer les abords de la position et dont le feu fauchait littéralement les rangs des Russes.

Ces effets meurtriers, on peut dire parfois foudroyants, de la mitrailleuse s'obtiennent au prix d'une consommation de munitions relativement minime.

Le 3 mars 1905, les deux mitrailleuses de la division de la garde japonaise, qui repoussèrent l'attaque de nuit des Russes contre Tokaton ; consommèrent 7.130 cartouches soit 3.565 par arme.

Le 10 mars 1905, à Fouchoun, les 6 mitrailleuses du 3ᵉ régiment japonais (1ʳᵉ armée, général Kuroki, 2ᵉ division) tirèrent 7.000 cartouches, soit 1.170 environ par arme.

Le même jour, quatre mitrailleuses de la garde japonaise (1ʳᵉ armée) poursuivant de leur feu les Russes en retraite, tirèrent 12.000 cartouches, soit 3.000 par bouche à feu.

Le ravitaillement en munitions ne semble donc pas devoir présenter de difficultés.

Ainsi, la mitrailleuse n'est pas seulement une arme défensive, c'est aussi une arme offensive de premier ordre.

Il convient encore de retenir l'appréciation du capitaine Soloviev, officier russe d'infanterie, acteur dans la campagne de Mandchourie, lequel résume d'une façon particulièrement heureuse, le rôle de la mitrailleuse dans les opérations auxquelles il a pris part.

La citation qui va suivre est empruntée à une brochure intitulée : *Impressions d'un chef de compagnie*, par le capitaine Soloviev.

Elle est ainsi conçue :

Mitrailleuses. — En parlant de la guerre actuelle (guerre russo-japonaise), il est impossible de ne pas accorder une attention spéciale au nouvel engin qui a réussi en très peu de temps à se montrer comme une des inventions les plus meurtrières de la technique militaire : la mitrailleuse.

La mitrailleuse a fait son apparition à Turentchen et a reçu bien vite une application étendue dans les combats suivants. Légère, mobile, occupant peu de place, on peut l'installer sur les cimes les plus escarpées en l'y apportant à dos de cheval ou à bras, là où l'artillerie ne saurait se hisser.

Les mitrailleuses règlent rapidement leur tir sur le but et, une fois le tir réglé, elles le suivent sans le quitter. On peut sortir de la sphère d'action d'une batterie en se transportant de quelques centaines de pas sur le côté. Mais, tandis qu'il est difficile à l'artillerie de déplacer latéralement son tir dans les déploiements rapides du but, la mitrailleuse transporte rapidement et sans peine, sa gerbe de balles comme un arrosoir.

Une colonne qui tombe sous le tir réglé d'une mitrailleuse a de la peine à échapper à ses coups et subit en peu de temps des pertes énormes.

Dans les combats actuels, le bruit sec et strident des mitrailleuses pendant des heures entières produit une impression énervante et démoralisante. Leur effet matériel et moral est très puissant. Les pertes très grandes qu'elles infligent sont encore plus impressionnantes parce qu'elles se multiplient pendant un temps très court. Aussi nos soldats ont-ils surnommé les mitrailleuses l'*arrosoir du diable*.

Il n'est pas nécessaire de faire sur l'emploi des mitrailleuses en Mandchourie de plus amples citations, celles-ci sont concluantes et permettent de comprendre comment les écrivains militaires de tous les pays sont unanimes à reconnaître que l'introduction des mitrailleuses dans le matériel de guerre de toute puissance soucieuse de fournir à ses armées tous les engins de guerre utiles, est devenue d'une impérieuse nécessité.

VI. — ORGANISATION ADOPTÉE
CHEZ LES NATIONS VOISINES POUR
L'UTILISATION DES MITRAILLEUSES

Il faut examiner maintenant comment les principales nations ayant adopté le nouvel engin en ont compris et réalisé l'organisation dans leurs armées.

Angleterre. — L'Angleterre, qui, la première, a utilisé les mitrailleuses Maxim, a compris cette organisation en accouplant ces mitrailleuses deux par deux et en créant, dès 1892, des sections de mitrailleuses.

Le personnel des sections affecté à l'infanterie est composé de 1 lieutenant, 1 sergent, 2 caporaux et 9 soldats avec 6 chevaux ou mulets.

Chaque mitrailleuse est traînée par un cheval conduit en main. La section est dotée d'un chariot de munitions et d'un chariot d'approvisionnement.

L'approvisionnement en munitions de la section est de 21.200 cartouches.

Le personnel des sections affectées aux troupes à cheval comprend : 1 lieutenant, 2 sergents ou caporaux, 15 soldats et 21 chevaux.

Les mitrailleuses placées sur affûts à roues et avant-trains sont traînées par deux chevaux dont l'un est monté. Deux servants sont sur la voiture et deux suivent à cheval.

La répartition des sections dans les formations de guerre ne semble pas bien arrêtée encore en Angleterre.

En temps de paix, chaque brigade d'infanterie est pourvue d'une section dont le personnel est pris dans la brigade. Chaque brigade de cavalerie ou d'infanterie montée possède aussi une section.

Pour leur emploi en temps de guerre, l'Angleterre

paraît devoir songer de nouveau au groupement de plusieurs sections en batterie, pour permettre son action par masse ce qui doit rendre plus efficaces les résultats à obtenir de cette arme.

C'est le procédé tactique déjà employé en 1898 par le général Kitchener.

Russie. — La Russie créa d'abord en 1900, 8 batteries de 4 mitrailleuses Maxim dont quelques-unes participèrent à la guerre de Chine.

Puis, en 1901 elle adoptait une autre formation et organisait des compagnies spéciales à 8 mitrailleuses Maxim chacune.

Les compagnies de mitrailleuses russes sont formées en compagnies montées et en compagnies de montagne. Elles comportent toutes deux le même nombre de mitrailleuses.

En temps de guerre, dans les unités montées, chaque engin est placé sur affût avec avant-train et il est suivi d'un caisson. L'avant-train porte 1.350 cartouches et le caisson 4.500, soit en tout 5.850 cartouches par mitrailleuse.

Dans les unités de montagne, chaque mitrailleuse est portée par un cheval de bât et les munitions par 8 chevaux de bât et des voitures attelées.

Le personnel de ces compagnies est en temps de guerre de 5 officiers dont un capitaine, 11 sous-officiers, 87 hommes de troupe et un nombre de chevaux variable.

Les compagnies de mitrailleuses sont affectées à des divisions d'infanterie ou à des brigades de chasseurs.

Le recrutement du personnel en officiers et en hommes de troupe se fait dans l'armée à laquelle les compagnies doivent être attachées. C'est un personnel spécialisé dont l'instruction doit durer de deux à trois ans.

Les services rendus en Mandchourie par les compagnies de mitrailleuses ainsi constituées semblent devoir faire conserver par la Russie l'organisation de ces unités à 8 mitrailleuses, formation dont elle s'est bien trouvée.

Japon. — Les renseignements que l'on possède sur le Japon sont plus vagues. Leur manque de précision s'explique en raison de l'éloignement de ce pays et du peu d'Européens y résidant depuis longtemps et étant à même de se rendre compte des usages et de l'organisation militaire des Japonais sur ce point tout spécial.

En 1899, le Japon avait constitué 13 batteries à 4 mitrailleuses Hotchkiss pour chacune de ses divisions d'infanterie.

En 1901, il avait formé 2 batteries de 6 mitrailleuses Maxim, comprenant chacune un effectif de 3 officiers et de 52 hommes.

En 1905, à la bataille de Moukden, on indiquait que du côté japonais, il avait été mis en ligne plus de 200 mitrailleuses sans mentionner l'organisation intérieure des unités destinées à en assurer le service.

Suisse. — La Suisse qui ne possède qu'une armée de miliciens, a été une des premières nations à adopter la mitrailleuse Maxim. Les premiers essais qu'elle a fait de cet engin, remontent aux manœuvres de 1891.

Actuellement elle possède 4 compagnies montées de mitrailleuses et 3 compagnies à pied de tireurs de mitrailleuses.

Les 4 compagnies montées sont affectées chacune à l'un des quatre corps d'armée suisses et dépendent des brigades de cavalerie.

Leur personnel, entièrement monté, se compose de 6 officiers dont 1 capitaine, 115 sous-officiers et soldats avec 168 chevaux servant 8 mitrailleuses approvisionnées par des munitions portées sur des chevaux de bât et sur 4 caissons attelés à 4 chevaux.

32.000 cartouches sont transportées sur les chevaux et 76.000 cartouches sur les caissons à munitions.

Les 3 compagnies de tireurs de mitrailleuses sont destinées : deux aux fortifications du Saint-Gothard et une à celles de Saint-Maurice (vallée du Rhône).

Chaque compagnie est commandée par un capitaine. Elle comprend 2 ou 3 pelotons à 4 mitrailleuses chacun.

L'effectif d'un peloton est de 2 officiers et de 60 sous-officiers et tireurs.

Les compagnies font partie des troupes de fortifications suisses et elles ont pour mission de renforcer et de remplacer, suivant les circonstances, par le feu des mitrailleuses, l'infanterie de la fortification.

Chaque mitrailleuse et chaque lot de munitions sont portés à dos d'homme sur des crochets-affûts, par de robustes montagnards.

Cette organisation a donné toute satisfaction aux autorités militaires suisses qui se proposent d'y donner bientôt une plus grande extension.

Allemagne. — Une brochure anonyme parue à Paris en 1906 fournit, sur l'organisation allemande, certains renseignements succincts qu'il sera facile de compléter à la suite des citations qui vont être faites.

Tout d'abord, plaçons sous les yeux l'opinion d'un général d'artillerie allemand à propos de l'emploi de la mitrailleuse Maxim, la seule en service dans l'armée allemande :

« Il convient, disait le général Rohne, d'en doter en première ligne les divisions de cavalerie, qu'elles débarrasseront du souci du combat à pied, sinon en totalité, du moins en partie. Par là, elles permettront à la cavalerie de rentrer dans son élément, qui est le mouvement. »

Aussi, depuis 1899, époque où ces engins ont paru pour la première fois aux manœuvres allemandes, aucune division de cavalerie formée pendant ces périodes d'opérations, n'a été constituée sans qu'il lui ait été adjoint au moins un détachement de 6 mitrailleuses.

Au 1ᵉʳ janvier 1906, l'Allemagne avait organisé déjà 17 détachements dont 13 prussiens, 2 bavarois et 2 saxons.

L'empereur d'Allemagne a approuvé à la date du 1ᵉʳ septembre 1904, un *Règlement de manœuvres des détachements de mitrailleuses* ainsi qu'un *Projet de méthodes de tir.*

Chaque détachement de mitrailleuses est commandé par un capitaine et doit servir 6 mitrailleuses. L'engin est fixé sur un affût-traîneau du modèle Maxim qui, pour la position de route est placé avec l'engin, sur un grand affût à roues d'où il peut être facilement enlevé par deux hommes pour le tir habituel. Toutefois la mitrailleuse peut faire feu s'il en est besoin, en cas de surprise par exemple, en restant sur le grand affût à roues.

Les voitures-affûts et les cinq caissons affectés au détachement sont attelés à quatre chevaux conduits à la Daumont.

La mitrailleuse sur son traîneau peut être portée comme sur une civière par deux hommes ou traînée sur le sol par le même nombre de servants.

Vide, la mitrailleuse Maxim seule pèse 26 kilogrammes. L'eau nécessaire à garnir le manchon de refroidissement pèse 3ᵏᵍ,800. L'affût-traîneau 52ᵏᵍ,500. C'est un poids d'ensemble de 82ᵏᵍ,300 formant une charge répartie de 41ᵏᵍ,150 par homme.

Cette arme peut être installée partout où pourrait faire feu un homme équipé. Elle emploie la cartouche d'infanterie et sa vitesse maxima est de 400 à 500 coups par minute. Sa puissance équivaut par suite à celle de cinquante tirailleurs au moins.

Chaque détachement de 6 mitrailleuses forme trois

sections ou trois pelotons de deux mitrailleuses chacun. Un lieutenant commande la section et un chef de pièce du grade de sous-officier et 4 tireurs assurent le service de chaque mitrailleuse.

Chaque mitrailleuse comporte un approvisionnement de 15.000 coups.

L'Allemagne qui poursuit ses études sur la mitrailleuse Maxim depuis 1899, a déjà une certaine avance et une expérience acquise sur bien des points concernant l'emploi de ces armes. Elle a porté son attention sur la question délicate de l'utilisation de ces engins qui est le tir efficace à en obtenir.

Leur mode rationnel de tir demande une pratique assez longue. Une méthode de tir publiée en 1904, et qui est en usage en Allemagne, fournit à ce sujet d'utiles renseignements.

On y mentionne l'utilité d'un télémétreur opérant à proximité de la mitrailleuse et mesurant, sans ordre spécial, la distance des objets et des points remarquables se trouvant dans le champ d'action des mitrailleuses en batterie. Un observateur avec une jumelle est adjoint à chaque mitrailleuse.

La méthode de tir préconise le feu de série et le feu continu.

Le premier consiste en un tir de 25 coups après lequel a lieu une pause. Il doit être employé pour le réglage initial de la hausse et dans des cas exceptionnels. La pause permet à l'observateur de juger des résultats du tir effectué, et de signaler les corrections de hausse à opérer.

Le feu peut être ou concentré ou réparti. Il peut être effectué au moyen de hausses échelonnées, pour battre le terrain en profondeur, lorsqu'on veut arroser une zone.

Le détachement est aussi muni de pelles et pioches

pour se créer des tranchées et des abris et il est exercé à effectuer le tir masqué.

Le personnel est spécialisé. Il porte un uniforme distinct de celui des autres armes (infanterie, cavalerie et artillerie). Il incorpore chaque année ses recrues et les instruit par ses propres moyens.

France. — Ici l'organisation est à l'état embryonnaire. On en est encore à la période des essais au moins en ce qui concerne l'armée métropolitaine.

A titre d'essai, les bataillons de chasseurs alpins ont été munis d'un groupe de deux mitrailleuses Hotchkiss à trépied sous les ordres d'un lieutenant.

Aucun règlement de manœuvres et aucune méthode de tir n'ont encore vu le jour et ne sont mis en essai.

Une petite quantité de matériel existe, mais on ne sait si ce matériel est destiné au service de campagne, ou au service des places, ou encore au service colonial.

Pour le service colonial, il existe bien quelques formations d'essai, mais c'est encore bien minime en présence de l'importance que les mitrailleuses sont appelées à jouer dans l'avenir.

En tous cas, voici quelques données sur l'organisation des mitrailleuses en Indo-Chine.

Dix groupes de mitrailleuses Hotchkiss y ont été formés.

Le personnel est composé de 1 lieutenant, de 1 sous-officier adjoint, de 3 caporaux, de 2 maîtres-pointeurs et 17 hommes avec 9 petits chevaux de bât (voir figures 7 et 8).

Le détachement est fourni par les bataillons des troupes d'occupation auxquels ces groupes sont affectés.

Fig. 7.

CHEVAL DE BAT PORTANT LA MITRAILLEUSE (COTÉ DROIT).

(Cliché communiqué par le journal *Patria*.)

Fig. 8.

CHEVAL DE BAT PORTANT LE TRÉPIED (COTÉ GAUCHE).

(Cliché communiqué par le journal *Patria*.)

CONCLUSION

Les données qui viennent de vous être fournies et que corroborent tous les renseignements recueillis par de nombreux techniciens, conduisent à une conclusion semblable, à savoir *que les mitrailleuses doivent à l'avenir occuper une place importante dans notre matériel de guerre.*

J'ai été conduit à adopter une opinion identique après avoir consulté un certain nombre de livres et de publications auxquels j'ai fait de fréquents emprunts au cours de cette conférence. Je renvoie ceux d'entre vous qui voudraient approfondir la question des mitrailleuses, à ces ouvrages qui sont les suivants :

1º Chef d'escadron d'artillerie J. Bourdon : *Note sur les mitrailleuses ;*

2º Capitaine d'artillerie Mléneck : *Notes sur les mitrailleuses* ;

3º *Notices* de la maison Hotchkiss ;

4º Capitaine Braun : *La mitrailleuse Maxim et son emploi,* Berlin 1905 ;

5º Capitaine Soloviev : *Impressions d'un chef de compagnie (Guerre russo-japonaise) ;*

6º *Revue d'artillerie ;*

7º Chef d'escadron d'artillerie breveté R. Meunier : *La Guerre russo-japonaise ;*

8º *Articles* du général de Négrier dans la *Revue des Deux Mondes ;*

9º *Discours au Sénat* du général Langlois.

L'opinion exprimée par de telles personnalités militaires sont de nature, s'il en était besoin, à affermir mes convictions personnelles sur le rôle indispensable que sont appelées à jouer dans l'avenir, les mitrailleuses de petit calibre.

Une arme aussi légère et aussi mobile que la mitrailleuse ne doit donc pas tarder davantage à venir renforcer nos troupes de campagne, de première comme de seconde ligne.

Dans cet ordre d'idées, je tiens à citer l'opinion du général de Négrier, dans un article publié le 15 janvier 1906 par la *Revue des Deux Mondes* et traitant des enseignements de la guerre russo-japonaise. Le général s'exprime en ces termes :

« Il faut prendre son parti de cette nécessité. Les mitrailleuses sont maintenant indispensables aux armées de campagne. L'infanterie comme la cavalerie doivent en être pourvues. Elles sont d'un emploi constant, car elles permettent de tenir solidement des espaces étendus avec peu de monde. »

Un engin mécanique qui équivaut dans l'attaque comme dans la défense à une mise en ligne d'au moins cinquante tireurs d'infanterie ne saurait être plus longtemps dédaigné.

Cette arme permet de réaliser heureusement une pensée exprimée par l'éminent président de la Commission de l'armée, au Sénat, M. de Freycinet. L'ancien Ministre de la Guerre, en présence de la diminution annuelle de nos contingents et devant l'augmentation constante de ceux de l'Allemagne, indiquait que le rétablissement de l'équilibre devait être recherché surtout dans des engins mécaniques de guerre pouvant décupler la valeur de nos combattants lorsqu'ils en connaîtraient le maniement pratique.

La mitrailleuse de petit calibre répond à cette conception. Aux distances comprises entre 400 et 2.000 mètres elle devient pour les troupes de campagne un appui très efficace. Elle laissera par ailleurs l'artillerie, qu'elle ne saurait remplacer au delà de 2.000 mètres, déployer plus sûrement toute sa puissance dans la lutte aux grandes distances.

Une mitrailleuse plus puissante, le canon automatique de moyen calibre, c'est-à-dire le *Pom-Pom,* du calibre de 37 millimètres ou d'un calibre un peu plus fort, pourra aussi, suivant l'opinion exprimée au Sénat par le général Langlois, faire utilement l'objet d'une étude pour son introduction dans notre armement.

Sur ce point, le général Langlois se rencontre avec l'opinion exprimée récemment par le général d'artillerie allemand von Reichenau qui préconise la diminution du calibre du canon de bataille, lequel serait alors exclusivement destiné au tir contre le personnel en raison de l'adjonction aux armées, de pièces lourdes de campagne pour la destruction des obstacles de fort relief.

Mais cette question ne présente pas la même urgence que celle de la mitrailleuse du calibre de la cartouche d'infanterie puisque les puissances voisines ne sont pas encore entrées dans cette voie.

Limitons donc en ce moment cet examen à la mitrailleuse de tout petit calibre.

Il ne suffirait pas de posséder dans nos magasins et dans nos arsenaux, plus ou moins de mitrailleuses Hotchkiss, modèle en ce moment adopté par le Ministère de la Guerre, comme étant actuellement l'un des plus perfectionnés. La faute commise en 1870 avec les mitrailleuses de Reffye, soigneusement emmagasinées à Meudon et soustraites en temps de paix aux regards des artilleurs appelés à s'en servir en temps de guerre, ne doit pas se renouveler.

Le personnel destiné à servir les nouvelles mitrailleuses françaises doit être formé et soigneusement exercé dans le calme du temps de paix et non au moment de paraître sur le champ de bataille. Il faut suivre l'exemple de nos voisins et des diverses grandes puissances. La création d'unités spécialement affectées au service des mitrailleuses s'impose dans le plus bref délai afin d'avoir un personnel susceptible d'obtenir de ces armes tout le parti qu'on doit en attendre.

Que ce personnel soit constitué à l'aide de prélèvements d'officiers et d'hommes de troupes pris dans les corps d'infanterie et de cavalerie, peu importe, pourvu que cette constitution d'unités ait lieu rapidement d'une façon ou d'une autre.

En effet, l'emploi isolé des mitrailleuses ne présente pas les mêmes avantages que la réunion de ces armes en sections ou en batteries.

L'enrayage possible d'une mitrailleuse ne permet pas d'en avoir moins de deux en service à proximité.

Pour l'instruction rapide et uniforme des officiers des détachements à former, une école centrale de tir de mitrailleuses organisée sur le modèle de l'école de tir de Châlons pour le fusil d'infanterie, rendrait les plus grands services en raison de la spécialisation de son enseignement. Elle permettrait de rattraper le temps perdu en assurant promptement l'unité de doctrine dans l'ensemble du corps des mitrailleurs.

Des cours régionaux pratiques faits ensuite par les officiers provenant de cette école centrale de tir de mitrailleuses formeraient les sous-officiers, les observateurs, les maîtres-pointeurs ou les tireurs désignés pour les unités. Ces derniers pourraient assurer ultérieurement l'instruction des autres servants de chaque unité spécialisée.

L'essentiel, c'est de ne pas perdre de temps et, à ce personnel allemand spécialisé depuis de longues années déjà et se trouvant par suite exercé et prêt à entrer en ligne, de pouvoir opposer un personnel français d'égale valeur, ayant la connaissance et la pratique du maniement et des procédés de tir des mitrailleuses.

Comme le dit fort bien le commandant Meunier dans son ouvrage sur la guerre russo-japonaise, celle-ci consacre le triomphe de la prévoyance avant la lutte et de la préparation de la guerre dès le temps de paix. Les Japonais ont recueilli le fruit de la persévérante énergie qu'ils avaient mise à perfectionner sans cesse leur organisation militaire.

Souhaitons donc de ne plus voir oublier parmi nous ces enseignements précieux pour les peuples soucieux de la défense de leur indépendance.

Pour s'assurer la paix avec la dignité et la fierté qui convient à une nation comme la France, la pensée de tous ses enfants doit continuer à être celle de la devise latine : *Semper ad arma parati.*

IMPRIMERIE CHAIX, 20, RUE BERGÈRE, PARIS. — 8238-4-07. — (Encre Lorilleux).